BALLET PANTOMIME EN DEUX ACTES,

Par A. BLACHE.

MUSIQUE DE M. HYPOLITE SONNET, DÉCORS DE M. OLIVIER, MACHINES DE MM. DAUZATS PÈRE ET FILS, COSTUMES DE M. REY.

Représenté pour la première fois sur le Grand-Théâtre de Bordeaux, le 24 Décembre 1827.

A BORDEAUX,

Chez **TEYCHENEY**, libraire, rue de l'Esprit-des-Lois, N.º 19.

LES GRECS,

BALLET PANTOMIME EN DEUX ACTES;

Par A. BLACHE.

MUSIQUE DE M. HYPOLITE SONNET, DÉCORS DE M. OLIVIER,
MACHINES DE MM. DAUZATZ PÈRE ET FILS, COSTUMES
DE M. REY.

*Représenté pour la première fois sur le Grand-Théâtre de
Bordeaux, le 24 Décembre 1827.*

A BORDEAUX,

Chez TEYCHENEY, libraire, rue de l'Esprit-des-Lois,
N.° 19.

BORDEAUX, IMPRIMERIE DE HENRY FAYE FILS,
RUE DU CAHERNAN, N.° 44.

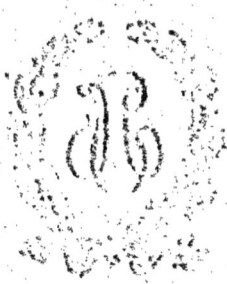

Dédicace.

A MES CAMARADES.

MES AMIS,

Après l'indulgente bonté dont m'honore le public Bordelais, c'est à votre zèle infatigable que j'ai dû jusqu'à ce jour la réussite de mes ouvrages.

Permettez-moi de vous offrir un témoignage public de ma reconnaissance, en vous dédiant une production qui, si elle obtient quelque succès, en sera plus redevable aux efforts de votre amitié qu'au faible talent de son auteur.

A. BLACHE.

DISTRIBUTION.

PERSONNAGES.	ACTEURS.
TOURVILLE, Capitaine d'un vaisseau marchand français......................	M. *Lachouque.*
MICHEL, jeune Grec, Intendant des jardins du Pacha de***....................	M.ᵉ *Evelina.*
ODYSSÉE, Chef Grec............	M. *Ragaine.*
HÉLÈNE, son épouse......................	M.ᵉ *Betton.*
NICETTA, leur fille	M.ᵐᵉ *Peyssard.*
LE PACHA de***......................	M. *Brives.*
THOMAS, ancien serviteur, Maître d'Équipage du vaisseau de TOURVILLE.	M. *Dutacq.*
CHARLES, domestique de TOURVILLE...	M. *Robillon.*
JEAN, Matelot du bord de TOURVILLE..	M. *Alexis.*
MOURAD, Capitaine d'un vaisseau de guerre turc..........................	M. *Blanchard.*
GRECS de tout âge et de tout sexe............	
OFFICIERS, SOLDATS et MATELOTS TURCS..	
MARINS, Français................	

La scène se passe au premier acte dans l'Ile de Spha-gia et au second dans un port de la Morée voisin de cette Ile.

LES GRECS,

BALLET PANTOMIME.

PREMIER ACTE.

Le théâtre représente un paysage au bord de la mer ; à droite et à gauche les habitations de la petite peuplade grecque qui occupe cette île. On aperçoit un peu au large un vaisseau marchand français qui a échoué ; la scène est couverte des nombreux objets enlevés du vaisseau : l'aube commence à paraître.

SCÈNE I.re

Hélène est sur le bord de la mer : elle semble chercher à l'horison une voile qui vienne lui porter des nouvelles de son époux : son esclave favorite est à ses pieds et partage ses chagrins *. Tourville sort de la maison qu'on lui a donnée pour asile ; il joint ses consolations à celles de l'esclave favorite. Hélène le conjure de ne point parler de ses chagrins devant sa fille.

SCÈNE II.

Tourville appelle Thomas et Charles : ils se préparent à retirer encore ce qu'ils pourront du vaisseau, avant qu'il ne disparaisse sous les flots. A la voix d'Hélène, des Grecs se joignent aux travaux. Il n'y a parmi eux que des vieillards, des enfans et des femmes : Hélène fait entendre au capitaine que tous les hommes en état de porter les armes sont partis pour défendre leur patrie. Tourville lui répond, en montrant Charles et Thomas : Voilà aussi le reste des miens.

---

* Imitation de l'intéressant tableau de M. Monvoisin.

SCÈNE III.

Nicetta vient embrasser sa mère : elle voit qu'elle a versé des larmes, et lui reproche avec douceur de lui cacher ses peines. Tourville, qui est épris des charmes de la jeune Grecque, demande avec instances à Hélène de lui accorder sa main : malgré son naufrage, il est riche encore, et tous trois peuvent vivre heureux en France et loin des hasards de la guerre. Mais Hélène ne peut consentir à abandonner son époux, à disposer sans son aveu de la main de sa fille ; et Nicetta, sensible à l'amour du capitaine, ne peut y répondre avant le retour d'Odyssée : tous trois, ils demandent au ciel de hâter cet heureux moment.

SCÈNE IV.

Tout-à-coup le vaisseau de Tourville se détache des rochers où il était engagé et sombre à la vue des spectateurs. Les femmes grecques s'alarment, mais Tourville les rassure en leur fesant entendre qu'on en a à-peu-près enlevé tout ce qui pouvait être utile.

On songe au déjeûner. Pendant ce repas, de jeunes Grecs exécutent des danses nationales. Tourville invite Nicetta, et chacun d'eux danse suivant l'usage de son pays.

SCÈNE V.

A la fin des danses, Thomas signale une embarcation qui se dirige vers la côte : la terreur qu'inspirent les Musulmans glace tous les cœurs ; mais bientôt Hélène dissipe toutes les craintes : elle a reconnu son époux. On vole au rivage, et en peu d'instans Odyssée est dans les bras de son épouse et de sa fille ; tandis que chacun des guerriers qu'il ramène, presse sur son sein une famille ivre de joie. Mais l'anxiété est au cœur d'une partie des insulaires : l'un redemande à Odyssée un père chéri, l'autre un frère ; une femme réclame son époux.............. Le chef montre la terre, et plusieurs familles désolées maudissent le sort des combats.

Odyssée parait surpris à la vue de Tourville : Hélène lui apprend son naufrage et les secours qu'on lui a prodigués. Il demande aux marins le nom de leur patrie. Le capitaine montre sa cocarde : à cette vue, Odyssée presse Tourville dans ses bras et témoigne son estime pour la valeur française.

Mais, revenant à ses compatriotes, il leur apprend qu'il n'a dû son propre salut qu'à la providence, et qu'un vaisseau turc était à sa poursuite. Au même instant on voit passer au large un bâtiment portant pavillon turc. Odyssée gémit sur le sort de sa peuplade, exposée sans moyens de défense à la fureur musulmane...... Tourville s'avance avec fermeté, apprend à Odyssée son amour pour Nicetta, le noble refus d'Hélène et leur commun espoir : pour prix de sa main, il est prêt à se dévouer, lui et les siens, à la cause du père de celle qu'il aime. La perte de son navire lui ôte la ressource d'emmener en France les malheureux insulaires; mais il a des armes, des munitions, et leur offre l'espoir d'une défense vigoureuse, qu'ils acceptent avec transport.

Il remet entre les mains du chef grec son porte-feuille, l'or que contient sa ceinture; à son exemple Thomas et Charles offrent tout ce qu'ils possèdent; les femmes grecques donnent leurs bijoux. Maître d'un petit trésor qui peut aider sa retraite ou sa défense, Odyssée embrasse de nouveau Tourville.

Thomas, vieux militaire, propose de dresser à la hâte les insulaires à la tactique européenne. A l'instant les armes du vaisseau sont distribuées aux hommes, aux femmes, aux enfans, aux vieillards; et tandis que les plus jeunes enfans apprennent à faire des cartouches, le reste de la troupe exécute, sous les ordres de Thomas, toutes les manœuvres françaises.

SCÈNE VI.

En manœuvrant, Thomas a emmené sa troupe loin du lieu de la scène. Odyssée se dispose à le suivre.

Jean, matelot du bord de Tourville, paraît au fond de la scène : il meurt de fatigue et de besoin : il appelle Odyssée, et lui demande au nom du ciel quelques secours qu'il obtient sans peine. Il apprend au Grec qu'ayant fait naufragé près de cette île, où il a pris terre comme par miracle, il erre depuis huit jours, n'ayant d'autre abri que les rochers, d'autre nourriture que quelques fruits et des racines sauvages. Tandis qu'il dévore les débris du déjeûner des Grecs, qu'Odyssée lui a rassemblés, il aperçoit les objets enlevés du navire de Tourville, et n'a pas de peine à en reconnaître plusieurs. Odyssée charmé lui apprend que ses compatriotes ont eu le bonheur de sauver son capitaine et deux autres marins. On accourt à la voix du chef grec, et Jean est dans les bras de ses compagnons d'infortune. Il paraît surpris de voir tout le monde armé. En apprenant qu'on se prépare à recevoir les Turcs, il se rappelle en avoir rencontré dans l'île, qui, sourds à ses prières, l'ont durement repoussé : ils étaient en nombre, et, suivant son calcul, pourraient bien paraître dans la journée même.

A ces mots, Odyssée fait tout préparer pour la défense. Nicetta, Tourville et Thomas vont avertir les Grecs qui sont restés à manœuvrer. Jean entre dans la maison qu'habite son capitaine pour s'y revêtir des habits qu'il lui a donnés.

SCÈNE VII.

Odyssée demeure en scène avec Hélène. Ils jettent de tous côtés des regards inquiets. Odyssée aperçoit un sistre, dont, au jour de leur bonheur, son épouse s'accompagnait en chantant les douceurs de l'hymen ; et tandis qu'Hélène exécute sur cet instrument les airs favoris qui lui rappèlent un tems plus heureux, une chaloupe turque paraît au fond ; un Turc aperçoit Odyssée et l'ajuste avec sa carabine. Au même instant, Jean, qui a terminé sa toilette, sort tout armé de l'habitation ; il voit le danger d'Odyssée, ajuste à son tour l'assassin, qui tombe mort dans les bras de ses complices. La chaloupe s'éloigne à force de rames.

SCÈNE VIII.

Odyssée, averti par le coup de feu, voit tomber l'assassin, remercie le Français. Il ne doute pas que cet évènement ne soit l'indice de l'apparition prochaine des Turcs. Tout le monde est accouru au bruit. Quatre Grecs, sous la conduite de Thomas et de Jean, vont à la découverte. Les plus jeunes Grecs, guidés par Charles, placent sur la hauteur une petite pièce de canon, la seule qu'on ait retirée du navire de Tourville. Le reste de la peuplade s'agenouille à l'exemple de son chef, et prie le ciel de favoriser leurs armes. Pendant ce tems, Nicetta et Tourville à part demandent au Tout-Puissant de les conserver l'un pour l'autre.

SCÈNE IX.

Plusieurs coups de feu se font entendre : les éclaireurs reviennent en désordre annoncer la présence des Turcs. Aussitôt la défense commence. Les Grecs, las de la défensive, marchent à la baïonnette sur l'ennemi. Cependant les Turcs pénètrent de divers côtés sur la scène, qui devient le théâtre de plusieurs combats à l'arme blanche. Enfin Odyssée est blessé, Hélène et sa fille volent à son secours ; Tourville et les siens, séparés par le hasard du combat, ne peuvent le délivrer. Les Grecs sont repoussés de toutes parts par le nombre. La scène se couvre de troupes turques ; et de nombreux prisonniers, parmi lesquels sont Odyssée, Hélène, Nicetta et Charles, restent au pouvoir des Musulmans.

SECOND ACTE.

Le Théâtre représente une partie des jardins du Pacha. Le fond est fermé par une grille qui laisse apercevoir une partie du port et de la ville.

SCÈNE I.ʳᵉ

Plusieurs Grecs, esclaves du Pacha, sont occupés péniblement aux travaux du jardinage ; des esclaves musulmans les

commandent avec dureté. On voit revenir le Pacha dans une
barque conduite par Michel. Les esclaves musulmans con-
traignent les Grecs à s'agenouiller à la vue de leur maître.
Michel vient inspecter les travaux, gronde les Grecs, menace
de les frapper, et donne ordre aux Musulmans de retourner
près du Pacha.

SCÈNE II.

Michel, seul avec les Grecs, semble leur demander pardon
du rôle qu'il est contraint à jouer, leur tend la main, les
caresse. Il leur apprend les évènemens de la matinée : le
peuple de Phagia a été surpris, vaincu, réduit en servitude.
Son cœur saigne à cette pensée. Mais depuis long-tems il a
projeté de se soustraire à l'esclavage, lui et ses camarades :
il possède de fausses clefs, ouvrage de ses mains, des armes
achetées de ses lentes économies : il a tout caché dans un
massif de verdure. A l'aide de ces objets, ils peuvent franchir
le seuil de la prison où ils sont renfermés chaque soir. Les
obstacles extérieurs ne sauraient les arrêter davantage : il leur
montre un barreau de la grille qu'il détache à volonté. Les
Grecs paraissent ravis, et tous jurent de périr ou de se soustraire au joug inique qui pèse sur eux.

SCÈNE III.

L'arrivée du Pacha suspend leur mystérieuse conférence. Il
est suivi du capitaine Mourad, qui commandait l'expédition du
matin. Des esclaves musulmans offrent leurs services au maître;
mais celui-ci veut être servi par les Grecs, et servi à genoux ;
il cherche à les abreuver d'humiliations. Le capitaine Mourad
vante au Pacha la beauté des femmes tombées en son pouvoir.
Il reçoit l'ordre de les emmener.

SCÈNE IV.

Odyssée, Hélène, Nicetta, Charles et tous les prisonniers
sont mis sous les yeux du Pacha. Il donne aux hommes le
choix de suivre la loi de Mahomet ou de mourir. Les Grecs
s'écrient qu'ils préfèrent la mort. Charles, interrogé sur ce
qu'il sait faire, répond qu'il entend le jardinage et sait con-

duire une barque : le Pacha le confie à la garde particulière de Michel. Quant aux femmes, il veut qu'elles fassent partie de son harem. Mourad lui présente Odyssée comme le chef des rebelles. Le Pacha se lève, le mesure sévèrement de l'œil, et lui renouvelle l'ordre de suivre la loi du Prophète, s'il veut conserver ses jours : le chef grec répond qu'il ne craint point la mort. Nicetta, effrayée du courroux du Pacha, s'élance entre son père et lui. Le Musulman admire ses charmes, et déclare qu'elle sera son esclave favorite. Odyssée, transporté de fureur, arrache le poignard d'un des gardes, et va en frapper Nicetta ; on retient son bras.

SCÈNE V.

Un coup de canon se fait entendre. Un officier turc vient annoncer qu'un envoyé français demande à parler au Pacha. Celui-ci ordonne qu'on l'introduise, et fait retirer les prisonniers.

L'envoyé français entre et remet au Pacha sa lettre de créance. Après l'avoir lue, le Musulman répond que désormais il jure de prendre les Grecs sous sa protection. L'envoyé sort, suivi d'une garde d'honneur. Le Pacha témoigne à Mourad sa colère ; il froisse entre ses mains la lettre de créance de l'envoyé français, et ordonne au capitaine de tout préparer pour mettre à mort les prisonniers grecs. Il rentre au palais avec sa suite.

SCÈNE VI.

Charles, vêtu à la turque, arrive poursuivi par des esclaves musulmans qui veulent lui enlever sa gourde qu'il n'a pas voulu quitter : il se met sous la protection de Michel, qu apaise le débat et renvoie les esclaves. Après leur départ, il reproche sévèrement à Charles d'avoir accepté le turban. Charles est surpris d'un blâme qu'il pourrait adresser lui-même à Michel ; mais celui-ci lui dévoile ses sentimens secrets et l'associe à ses projets de fuite.

SCÈNE VII.

Le son d'une mandoline leur fait prêter l'oreille ; et malgré le crépuscule qui commence à se répandre, Charles reconnait son capitaine sous l'habit musulman; Michel l'introduit aussitôt par le barreau de la grille. Tourville leur apprend comment, après la défaite des malheureux Grecs, il a pris ces vêtemens turcs, s'est dirigé avec ses deux fidèles marins vers la ville, dans l'espoir d'y retrouver celle qu'il aime, et parcourait les rues en chantant au son du sistre, pour obtenir un asile et peut-être des nouvelles de sa chère Nicetta. Il apprend de Charles que sa bien-aimée est enfermée au sérail du Pacha; il adopte à l'instant les projets de Michel, et, par son conseil, il va chercher ses deux compagnons, qui peuvent être utiles à leur entreprise.

SCÈNE VIII.

Tandis que Michel et Charles se livrent à l'espoir d'une prochaine délivrance, Mourad parait au fond; il ramène l'escorte de l'envoyé français. Il aperçoit Michel, dont il se méfie depuis long-tems; sa présence en ces lieux, à cette heure, redouble ses soupçons; il se dirige doucement avec ses gardes vers la prison des Grecs.

Tourville amène Thomas et Jean, déguisés comme lui en Musulmans; il les place en sentinelles près du barreau qui doit servir leur retraite, et s'enfonce dans les jardins avec Charles et Michel qui les guide.

SCÈNE IX.

A peine Thomas et Jean sont-ils seuls, qu'ils entendent un bruit confus; ils s'inquiètent, ils veulent voler au secours de Tourville. Mais Michel revient haletant; il est tombé dans le piège tendu par Mourad, et n'a dû son salut qu'à la fuite et à sa parfaite connaissance des détours du palais; le capitaine est au pouvoir des Turcs. Les deux marins persistent à vouloir sauver leur maître; mais Michel les retient; il s'est rappelé tout-à-coup l'envoyé français, la réponse du Pacha; il ne doute pas de trouver un appui près des Européens. Les deux marins approuvent son dessein; ils s'élancent par le passage de la grille, mettent une barque à flot, et s'éloignent à toutes rames.

SCÈNE X.

Le Pacha a tout appris de Mourad ; il arrive furieux, fait venir tous les prisonniers, tous les esclaves grecs ; il veut qu'ils soient anéantis à l'instant. En vain Tourville réclame Nicetta comme son épouse : le Pacha est étonné de son audace : il le menace pour la dernière fois, lui et tous les Grecs, de les faire périr au moment même, s'ils ne veulent suivre la loi de Mahomet. Sur leur refus, il fait un signe, et les gardes se précipitent sur eux.

SCÈNE XI *et dernière.*

Le bruit d'une nombreuse artillerie les arrête. Un officier turc court annoncer au Pacha que les Européens attaquent le port ; ils sont secondés par les Grecs de la ville. Le Musulman, transporté de rage, sort en ordonnant de nouveau à Mourad de faire périr les prisonniers. Mais Charles qui sait où Michel a caché des armes, a trouvé le moyen d'en faire passer aux prisonniers. Les Turcs sont surpris de trouver une résistance inattendue : au même instant, des Grecs armés, qui cherchaient à pénétrer au Palais, trouvent le passage de la grille, entrent dans les jardins, et mettent les Musulmans en fuite.

La scène reste vide : on entend le bruit d'un violent combat ; des Musulmans en désordre fuient de toutes parts.

Peu-à-peu le calme se rétablit et l'on entend la marche triomphale qui ramène au palais les Grecs vainqueurs, suivis des Européens qui leur ont prêté secours.

Odyssée témoigne sa reconnaissance à ses braves défenseurs ; fidèle à sa promesse, il unit Tourville à Nicetta ; et le peuple entier célèbre par des danses le bonheur et la gloire de cette journée mémorable.

FIN.

www.ingramcontent.com/pod-product-compliance
Lightning Source LLC
Chambersburg PA
CBHW061810040426
42447CB00011B/2585